Nesta calçada

Sidney Wanderley

NESTA CALÇADA

ILUMINURAS

Copyright ©:
Sidney Wanderley

Copyright © desta edição:
Editora Iluminuras Ltda.

Capa:
Marco Mancini

Composição:
Iluminuras

ISBN: 85-7321-015-X

1995
EDITORA ILUMINURAS LTDA.
Rua Oscar Freire, 1233
01426-001 - São Paulo - SP
Tel.: (011)852-8284
Fax: (011)282-5317

ÍNDICE

NOTÍCIA 11

SIM, EU DIGO NÃO
Gênesis 19
Sim, eu digo não 20
Balanço 21
Sedução 22
Do Vão Esforço 23
Trilhas 24
Velório 25
Riverrun 26
Heraclesiastes 27
Ricordanza Della Gioventú 28
A Viúva de Leônidas 29
Fuzilamento 30
Colisões 31
O Poeta Municipal 32
Queixa 33
A Luta Corporal 34
O Epílogo das Cores 35
O Precavido 36

OS VERSOS NÃO ENCONTRAM QUEM OS AMPARE DA HUMANA COMPULSÃO QUE É ESCREVÊ-LOS

Disse-o Heráclito de Éfeso 39
Que fazer? 40
Um Carneiro 43
Vivos 44
Mulher Pensando 45
Nesta Calçada 46
Melancia 48
Kitsch 49
O Dinheiro 50
Ubi Sunt? Revisitado 51
Beira-Mar 52
Os Dessemelhantes 53
Em Memória de Um Bom 54
Primeiras Estórias 56
1695, Novembro 58
Ao Jovem Irmão Morto, Estâncias 59
Jorge de Lima 60
Três em Um 61
A Missão 62
Epílogo 63

POEMÍNIMOS

Exórdio 67
Galo 68
A Lavadeira 69
Naufrágio 70
O Tímido 71
O Poema 72
A Nau Hermafrodita 73

O Céu 74
Pavão 75
Alvinegro 76
Tarde de Verão 77
A Hora Nona 78
O Recém-Sepultado 79
Extrema-Unção 80

SETE CANTIGAS DE AMOR
E UMA CANÇÃO INESPERADA
Uns Outros 83
Amar 84
A Tua Presença 85
Não Minto 86
Certas Coisas 87
A Recusa 88
Tântalo Revisitado 89
Canção 90

POEMA NÚMERO ÚLTIMO
Lápide 93

NOTÍCIA

Este livro, que não acaba nunca de se concluir, chamou-se um dia *A Vida Assim Se Passando* e achava-se repleto dos ditos poemas de longo fôlego. Mais recentemente, flagrou-se rebatizado para *Poemas Post-Húmus*, de fôlego bem mais acanhado e com direito até a uma certidão de óbito literário, ora revogada.

Nesta Calçada é o registro do que julgo menos perecível e indigesto em tudo quanto logrei produzir nestes dezoito anos (1976/1994) de incessante ruminação e intermitente atividade poética.

Publico-o em memória de Jorge Cooper, poetamigo com quem tanto aprendi; e em louvor de meu filho Lucas, com quem sigo aprendendo.

S. W.

NESTA CALÇADA

"Está-se nisto, neste jogar as palavras umas para cima das outras, a ver se nascem diferentes."
José Saramago, *Levantado do Chão*

"El niño está solo y juega un juego que nadie ve."
Mariano Brull, *Tiempo en pena*

SIM, EU DIGO NÃO

GÊNESIS

E Deus fez o mundo.
E Deus fez o homem
e repousou ao sétimo dia.
Então o homem se fez no mundo
e Deus nunca mais fez nada.

Fez-se eterno o divino
e merecido repouso.

SIM, EU DIGO NÃO

Balas zunem,
grilos zinem,
rios cantam, vulcões espirram;
brisas, mesmo as mais franzinas,
cocoricam.
Os insensatos multiplicam os discursos.

No princípio, sabem todos, era o Verbo,
e o verbo, ai de nós, sopra onde quer.

Aspiro a criar um deus que crie um mundo
onde o silêncio, menos que uma palavra,
seja a única atitude imaginada.

BALANÇO

A vida toda
uma odisséia íntima:
viagem de mim a mim,
afinal inatingido.

Que pode a fúria de águas sublevadas
contra a força de pedras resignadas
a vida toda,
a vida toda
esta odisséia ínfima?

SEDUÇÃO

Dois ratos sérios e alertas
contemplam o fulgente queijo
no escuro enorme da noite.

Meus olhos tara e desejo
pousados na lua cheia.

DO VÃO ESFORÇO

A caneta entre teus dedos nervosos
há trinta minutos
tentando inutilmente escrever um verso
que trate do vento e dos vegetais.

O vento deslizando brincalhão
há trinta minutos
por entre a rala grama e as feias flores
de teu modesto jardim.

Mais valem dois olhos atentos
que um talento obcecado.

TRILHAS

Caminhava tranqüilamente por uma alameda
                                      crepuscular
porque é literário caminhar por alamedas.
Não fora isso, caminharia — como de fato
caminhava — por uma viela
só cães sarnentos frutas podres fetidez.
                                  Dez da manhã.

É que fica certamente mais difícil
      do esterco do prosaico
não gorar o ovo raro da poesia.

VELÓRIO

Vivo, discretamente vivo,
o morto
por sob as flores e o tampo do caixão
nos pisca um olho, nos franze o cenho
e se recolhe
des-con-so-la-do
na espera aflita do escuro que há de vir.

RIVERRUN

De uma margem à outra plana,
pássaro de ferro, a ponte.
Em seu dorso de pedras-plumas
tímidos viajores ensaiam a travessia.

Alheio a tudo, um rio há
que passa e, porque alheio,
a tudo deixa passar.

HERACLESIASTES

os rios não se cansam de passar.
é próprio dos rios o passar.

não neles, nos lagos é que exibem
sua arrogância desmedida os cisnes.

não neles, nos livros é que humanos
escrita a mais soberba perpetramos.

vaidade das vaidades, tudo névoa-nada.
que os rios não se cansem de passar.

RICORDANZA DELLA GIOVENTÚ

Tetas engelhadas, ventre em estrias,
os frutos serôdios do que foste um dia.
Fanam-se os desejos em tua flor sombria.

Fosse hoje outrora, quem hesitaria
a golpes de rogos, à força de versos,
em tua beleza perecer imerso?

Sábio o que ensina certa laje fria:
O tempo é o senhor da melancolia.

A VIÚVA DE LEÔNIDAS

Hoplitas e panóplias
jazem à sombra das setas
no tredo desfiladeiro.
Na ágora espartana
oradores vociferam
e uma fêmea desespera.

FUZILAMENTO
(variação sobre poema homônimo de Nicolás Guillén)

Fuzilarão agora
um homem calado
com os braços amarrados.

Quatro soldados calados
amarrados
amarrados
fuzilarão agora um homem calado.

Após a descarga, entre os cinco
restará um só sobrevivente.

COLISÕES

Bateu de encontro com a palavra muro.
Fragmentos dele polvilharam a calçada.

Bateu de encontro com a palavra vôo.
Um pássaro assustado fugiu de seu bigode.

Bateu de encontro com a palavra outro.
Matéria & anti-matéria, era uma vez dois corpos.

Bateu de encontro com a palavra Deus.
Um verso de joelhos benzeu o chão da estrofe.

Bateu de encontro com a palavra eu.
Ignora-se até hoje o que lhe aconteceu.

O POETA MUNICIPAL

O boticário do interior onde nasci
exultava ao ler-me seus versos aliterantes:
"Em ti, tétrica tirana,
troam os tantãs de trinta tribos temerárias".

E ninguém — fosse Deus ou o Presidente da República,
que na cidadezinha ainda gozava de certo prestígio —
estilhaçaria sua pétrea certeza
de ser superior a Virgílio e a Camões.

QUEIXA

Coelhos defecam histéricos com furor e feromônio.
Palmeiras rebolam as palhas na inquietude dos ventos.
Os homens esganam palavras em concorridos comícios.
No alto espoca um trovão, ousado arroto de Deus.

Inimaginável o mundo serenidade e silêncio.

A LUTA CORPORAL

Túrgidas vênulas, pálpebras e artérias
sublevam-nos desejos os mais resignados.

Por entre as paredes de nossas peles
— marmóreas masmorras —
rumorejam tardes e anseios insabidos.

Com nossos corpos — cárceres e corcéis —
celebramos a ilusão de sermos livres.

Até que um dia nasça em nós a Noite.
Morte: teu outro nome é Libertação.

O EPÍLOGO DAS CORES

Toda ingenuidade é verde.
Toda saudade faz-se azul.
Rubros, arrebóis e rancores.
Branco é todo devenir.

E ao fim de todas as cores,
o fim de todas as coisas:
gritos, choros, pragas e ranger de dentes.

O PRECAVIDO

Largar o poema como um pássaro:
para o vôo, para o vento,
para a vida; lembrando embora
que os humanos têm por hábito:
pássaro, sim,
voando, sim,
mas na gaiola.

OS VERSOS NÃO ENCONTRAM
QUEM OS AMPARE
DA HUMANA COMPULSÃO
QUE É ESCREVÊ-LOS

DISSE-O HERÁCLITO DE ÉFESO

> *"E no entanto, ver-se-á bem que*
> *não se pode chegar a saber o que*
> *cada coisa realmente é."*
> Demócrito de Abdera

Movendo as pedras do jogo,
o tempo é uma criança que brinca.

Sem esperança de ser encontrado,
desespera o inesperado.

É novo o Sol todos os dias.
Para os que adentram os mesmos rios,
correm outrinovas águas.

A mais bela harmonia cósmica:
um monte de coisas atiradas.

Acende a si mesmo uma luz
quando a lua de seus olhos se apaga:
o homem na noite.

Quem poderá ocultar-se
da luz que jamais se deita?

QUE FAZER?

I

que nome que a fome leva
quando — alheia, embora —
comove e punge o poeta?

e quando rói as entranhas
do esmoleiro sem esmola,
que nome que a fome ganha?

à falta de pão e peixe,
será que a fome se evola
e arrefece com prece?

acaso a fome se farta
quando, jibóia, devora
trinta crianças infaustas?

mas... convém a fome ao poema?
ou melhor é ninar-lhe a forma
com outro asséptico tema?

II

tem fama de fêmea a fome
entanto é macho e machuca
a vida em sua medula
e faz de sua inteireza
e de seu canto compacto
incosturável cissura

tem forma de fera a fome
e quando na sua gula
e quando na sua febre
mais que feroz é feraz
ferindo até que féretro
felando até que fio
ferrando até que fóssil

tem fúria de foice a fome:
de foice fácil e di-físsil:
       videmorte
           mortevida

e entre o gume e o corte
e entre o talho ou a sorte
e quem o insulte ou o exorte
é que se debate o poeta
num vai-e-vem de gangorra:

— que fazer da fome-foice?
— que fazer da fome-fera?
— que fazer da fome-fúria?

III

ainda que não um poema
ainda que não um panfleto
ainda que não um partido

aquém dos ritos poéticos
e dos mitos proletários
e dos malditos políticos

— é preciso fazer qualquer coisa
— é preciso fazer qualquer coisa
— é preciso fazer qualquer coisa

UM CARNEIRO

Um carneiro berra
e não no quintal vizinho
ou noutro qualquer remotinsondável
co(movente)mente
um carneiro berra
e não nos pastos de sítio ou fazenda
que nunca tive, sequer pretendi
um carneiro berra
como sinos plangem e velhotas entoam
sacros hinos, funéreas canções
e não nesta ou em qualquer outra
igrejinha
um carneiro berra cemiteriamente:
ataúdes lápides tumbas carpideiras
carnes putrefatas hora derradeira
eis o que exala o canto lanígero
lhanigeramente
um carneiro berra, erra dentro em mim
como a pascer musgos e ervas e húmus e sargaços
tímidomedrantes por todo o meu ser,
e já nem sei se expulse, se acolha ou
se indiferente
a este carneiro que em meu peito (b)erra
para anunciar — lembrando Bandeira —
a Indesejada de mim e das gentes.

VIVOS

escorrego topada baque queda queda
qualquer coisa que nos empurre e impila
para fora desta calma estatuesca desta
calma ortodoxia de mantermo-nos cômodos
docemente eretos sobre duas hirtas pernas
                         dois sólidos pés
estanques ou caminhantes
qualquer coisa que nos desconforte e
nos arremesse súbito ao solo súbito
beiços na sarjeta busto no meio-fio lábios
quase a beijar a notícia das eqüinas fezes
que jaziam há pouco neste canteiro de
paralelepípedos

escorrego topada baque
queda queda
mas ainda não a definitiva
ortodoxa e confortável esta também posição
de repousarmos costas e cabeça sob barro grama
e narcísicas lápides por chuva e vento lavadas

queda queda
áspera e incômoda
como o fato de estarmos e de nos sabermos
a contragosto a contrapelo e contra todos
vivos

MULHER PENSANDO

Relembro o corpo que tinha
quando o lembrar não havia
há trinta anos atrás:
inexistiam varizes,
estrias e rugas vis.
Tudo era um sol de poema
luzindo em rosto de atriz.

Contemplo a filha que tive
há doze anos atrás
e sofro antecipando-me
à injúria que o tempo fará
ao corpo desta petiz.
Ela também sangrará
dizendo o que não se diz:
Tudo era um sol de poema
luzindo em rosto de atriz.

Um dia virá a neta
e nós lhe daremos vivas,
e o tempo lhe dará vivas,
e o tempo nos dará bis

NESTA CALÇADA

piso
nesta calçada
em que outrora tantos outros trafegaram
os que ainda respiram, os que já se foram
os que neste momento agonizam e se encolhem
no estreito espaço que separa vida e morte

piso
sobre as marcas indeléveis e invisíveis
das passadas de humanos que ignoro
e no entanto, como eu, aqui passaram;
das passadas de um menino que já fui
há quinze anos correndo sobre esta mesma calçada:
os passos lépidos, os pés diminutos, sorriso nas faces
sem marcas de dissabores, madureza, sofrimentos
e um sol morno em meus olhos, em meu dorso

piso
nesta calçada
e com a sola gasta dos sapatos
nela escrevo uma palavra: VIDA,
como poderia ter escrito SANGUE
      FÊMEA   BLUSA
         ÂMBAR
      ou até mesmo KXPTY,
fosse eu abstrato e concretista,

mas VIDA é o que, por ora, bate fundo nas retinas
como botas militares marchando por sobre o asfalto

por sobre a calçada
piso
piso e me argüo
de nós dois qual aquele que mudou:
se o poeta?   se a calçada?
e uma brisa discreta que eriça meus pêlos
e refresca meu corpo
sussurra-me — como Heráclito —
que não se adentra, que não se caminha duas vezes
o mesmo rio, pela mesma calçada

piso
como se fosse o último sobrevivente de minha espécie
passeando sobre a calçada única do Universo
e entanto sei-me igual a tantos outros:
duas pernas, muitos passos, um caminho
e sei — talvez bem mais que os outros —
ser esta calçada em que minha sombra se projeta
nada mais que discreta notícia, infindo rol
de incontáveis viventes que por aqui passaram

piso
por isto piso assim
nesta calçada:
tão senhor dela
e de mim.

MELANCIA

Para mim é que abres ridente
tua verde casca tua rubra polpa
rubis de ébano marchetados feito sardas
por tua fronte busto ventre pernas púbis
        escarlates

para mim
tua veludosa consistência de líquens
bordados em tronco de amendoeira
tua água de Nilo pós-praga mosaica
tua redondez de mamas teu verdor de ninfas

para mim
— teu senhor, e da sede escravo —
que cravomergulho meus dentes de ânsia
        e marfim
        — melânsia, melância —
em teu sangue que me suja e me sacia.

KITSCH

Cozinha:
um relógio de parede marcando eternamente
o meio-dia, hora do almoço;
panelas e caçarolas de nudez
por incorrespondentes testos encoberta;
a mãe aflitamente distraída
com carnes cujos cheiros nos provocam
o gozo copioso da saliva;
e, alvinegro, um pinguim de louça
a nos mirar severo
por sobre o azul metal da geladeira.

O DINHEIRO
(relendo Borges)

Gira feito bola o dinheiro na vitrola
— *solo* de orquestra, *tutti* de guitarra —
e é Bartók e é Noel e é Piazzolla.
Desfaz-se o dinheiro feito tinta
em trinta cores
e é Bruegel e Botticelli e Picasso,
ou ainda a excursão que em certo julho
ao bisão de Altamira conduziu-me.
Por trinta dinheiros um beijo traiçoeiro,
a Poética do Grego, as Flores de Baudelaire,
a Relva de Walt Whitman. Por cinco dinheiros
teu beijo, menos talvez
que uma entrada de cinema, um café
em bar de esquina, uma encenação de Otelo.

(O Dinheiro... O Dinheiro... *El Zahir*...)

Que ente é enfim este sol negro
que multiplica as coisas como espelhos
que incendeia os homens como cópulas
que gera gira e fulge ofuscante
criando e recriando o que fulmina
e sendo sobretudo o que não é?

UBI SUNT? REVISITADO

onde estão?   onde estão?
os que aqui e agora comigo julgam conversar
repletos como um guarda-roupa de truísmos e argumentos;
os ultra-atuais, os up-to-date, os neo-pós-tudo,
incansáveis grilos opiniosos a secretar a última
— infelizmente não ainda a derradeira — palavra
sobre o mais recente filme tela verso peça canção

onde estou?   onde estou?
eu que cismático entre os nada cismarentos,
     encaramujado entre os pétalas-ao-sol,
ora evoco um irado terceto do Inferno dantesco,
uma quiçá pradaria de faroeste americano,
a pentameria de coleópteros e saxifragáceas,
o ribombar de certa saia redemoinhante
nem sei se, ignoro quando, deslembro onde

onde estou?   onde estão?
argüo-me com entediada carranca
nesta mesa deste bar desta cidade
em que estou entre os que estão
e onde jamais
estivemos, estamos ou estaremos.

BEIRA-MAR

Trezentos touros em súbita debandada
por entre as hortas e as hordas de banhistas
avançaram suicidas para o mar.
Pajuçara. É domingo e um sol endêmico
cresta as folhas de um coqueiro que não há.
Uma guria de algácea cabeleira
fende-me qual raio com seu riso fevereiro
e entre os dentes da ridente localizo
fragmentos d'A Arte da Fuga, de Bach.
Pajuçara. É domingo e um sol anêmico
nega-nos fogo, envolto em veste talar.

Lembra-me muito o conselho do Caminha:
nesta praia, em se bebendo, tudo dá.
(Pajuçara. É domingo e um sol totêmico
beija a brisa com cautela tutelar).

OS DESSEMELHANTES

Os peixes! os peixes não dispõem do mais mínimo molambo, do mais roto andrajo que os resgate e redima da delícia imensa que é deixar boiar o corpo nu na água fria.

Como me detesto, e sobretudo os peixes, eu que me revisto de pulôveres e palavras, e não disponho de açude ou aquário que me acalente e me agasalhe.

Os peixes! — minha ira sincera, meu substantivo despeito —, esses inumeráveis e eternos descamisados.

EM MEMÓRIA DE UM BOM

Meia-noite, quase. 14 de agosto
de mil novecentos e oitenta e oito.

Sim, meu caro Bertolt,
ouso dizer-te que os tempos mudaram.
Já não dispomos de pintores temerários:
podemos talvez mirar o empíreo que ilumina
sem que ocorra Nagasáqui ou Hiroxima.
Cantar a macieira que floresce,
os barcos verdes, as faces alegres,
falar de árvores e coisas afins
já não implica ocultar barbaridades.

Claro está que nos campos e nos bares
surda prossegue a feroz luta de classes.
Claro está que foi o mundo transformado
e já não há quem consiga interpretá-lo.
E está claro que nos fazem imensa falta
os teus poemas de oficina irritada.

Trinta e dois anos se completam que teu cenho
não mais se franze ante alguma iniqüidade,
que teus dedos não se crispam, tua pena não dispara
libelo algum contra a astúcia dos tiranos.
Entretanto vives em nós
danadamente

como a flor drummondiana
rompendo o asfalto.

Como escreveste,
assim te escrevo:
"Fôssemos infinitos
Tudo mudaria.
Como somos finitos
Muito permanece."

Sim, eu simplesmente digo "sim":
a Bertolt Brecht.

PRIMEIRAS ESTÓRIAS

No devagar depressa dos tempos
velhez, ceguez e mesmez
— as três, assaz assinzinho,
tumbaram-me de uma só vez.
Por isso me faço, me fiz
diligentil-redondoso-circuntriste,
a enigmar reluzências
nas sombras de outroras coisas.
(Sussurruídos anunciciantes
da véspera de coisa nenhuma:
meu pálido pasmo!)

Indaguejando ando: onde
o verivérbio que tempere o tempo,
monstro de perversias,
desde terras-túmulo
até alturas de urubuir?
que finicesse em mim
fome qualquer de perguntidade?

....

Guimarosa ou Guimarães,
é questão de opiniães...
E o mais tudo é nonada.
Mas aí — eis que eis:

uma outrinova estória
há que ser desveredada.

1695, NOVEMBRO

Andorinhas em viagem voam — não velozmente,
para poupar-nos de mais um verso viciado —
desde a palha da palmeira à calha do sobrado
em que um gato veludoso se espreguiça feito gente.
No térreo, onde há bem pouco imperava
o barulho desbragado da canalha lusitana,
zumbem moscas às centenas e aos milhares
sobre o corpo dilacerado e ainda ardente
— pênis à boca, olho extraído, mão decepada —
deste que em vida chamou-se Zumbi dos Palmares.

AO JOVEM IRMÃO MORTO, ESTÂNCIAS

Que venha o tempo e misture-os,
que sopre o vento e depure-os:
saudades, lamentos, murmúrios
de quem se fez
              oblação.

Infrene o dia, e persigo-o,
maldito o dia, e bendigo-o,
em que no mesmo espaço exíguo
meu ser e o teu
              um serão.

Anseio da vida o confisco
e entre alheado e arisco
eu de mim mesmo me prisco
em tempo assim
              desirmão.

JORGE DE LIMA

O que pode a rocha contra o líquen
      pode a sombra frente ao ser:
          — Nada, nadador.
O que ousa o grito ante o pavor
      ousa o fígado contra o abutre:
          — Nada, nadador.

Feito grama, feito ramas, arrancaram-me
                  aos tufos
a vontade de verdecer.
        Crepusculeio.

Que desabe a estrela de absinto
na garupa desta vaca ora hera
em que me flagro aninhado
palustre e bela.

Olhos, olhos de boi pendidos vertem
prantos por quem se foi. Ouvidos ouvem,
calam. Crepes enlutam as janelas.
        Crepusculamos.

TRÊS EM UM

> *Ginete* (ê). [Do ár. vulg. *zenête*.] S.m. 1.
> Cavalo de boa raça, fino e bem adestra-
> do. 2. Bras., NE, sela dos vaqueiros do
> sertão. 3. Bras., S., aquele que é bom
> cavaleiro, que monta bem e firme.
> (in *Novo Dicionário Aurélio*)

Ginete
sobre ginete
sobre ginete:
homonimoventemente
às três e trinta da tarde
três corpos gingam no espaço
entre bochorno e poeira
três corpos giram no espaço
e viram sertão e mundo
de cabeça para baixo:
      cavalo
      sela
      vaqueiro
às três e tanto da tarde
compondo não a santíssima
mas a eqüestre trindade.

A MISSÃO

Todas as palavras e despalavras
que haviam de ser ditas, malditas
— todas —,
já o foram.

Mesmo o silêncio, fala sem voz,
em seus inumeráveis disfarces e variações
— todos —,
já se fez.

Por isso, beber horizontes ou vomitar espantos,
estudar Platão ou os equinodermos,
xingar uma fruta, padecer de amígdalas,
dormir sobre pregos ou ao som de Haydn
tornam-se-me indiferentes.

Por isso é que escrevo:
para dar fé e testemunho de minha humana condição
e de sua soberba inutilidade:
para nada.

EPÍLOGO

Não se fecha uma vida
como se fecha uma porta.
A vida é bem mais
que a porta:
a própria vida comporta
a porta e quem a fechou,
a tinta já desbotada,
o trinco enferrujado,
a madeira e seu cupim,
a chave perdida e achada
e novamente perdida
por quem a porta fechou
na esperança incontida
de ter, com o impróprio gesto,
a própria vida fechado.

POEMÍNIMOS

EXÓRDIO

Escrever muito é vertigem.
Escrever pouco é virtude.
Nada escrever, quem dera!

GALO

Após o tombo, após o assombro,
seu canto esganiçado reverbera
no quintal de minha testa agonizante.

A LAVADEIRA

E lava e enxágua e põe a quarar
não mais as vestes, mas
desvestidos gestos e mãos
que nódoa alguma maculará.

NAUFRÁGIO

Nau frágil em hiante superfície márea,
contemplo azuis intérminos, remotas falésias

e mergulho verticalmente para o desnascimento.

O TÍMIDO

Vago como vago é o vocábulo estrutura,
meu corpo olhos piscos anseios em floração
ensaia o gesto de colher-te a mão.

Braço parado no ar que o emoldura.

O POEMA

No branco abismo da página
jaz
cravejado por palavras e sugestões.

A NAU HERMAFRODITA

Velas estufadas como seios,
popa empinada como nádegas
e esta quilha feito falo a desbravar
estas águas semprinunca desbravadas.

O CÉU

Frondosa árvore de luzentes frutos,
sobre mim desaba
seu enigmático e azul discurso.

PAVÃO

Cem olhos caudais
crava em meu olhar.
Nem sequer me nota.

ALVINEGRO

Branco como a seiva que nele se encerra,
um seio espoca de teu vestido negro.
Incêndio lavrando denso em minha floresta de desejos.

TARDE DE VERÃO

Um mormaço tão intenso!
Sufocados,
mesmo os mortos se reviram.

A HORA NONA

Vivo fui, homem fui —, e engano foi.
Ora retorno a meu estado natural. Mineral
como o verso cristalino e os sonhos deslembrados.

O RECÉM-SEPULTADO

Enormedonho o silêncio por aqui campeia.
A erva que explode, o vento que a assanha
celebram um mundo a que despertenço.

EXTREMA-UNÇÃO

Vislumbro, jubiloso, um céu nigérrimo
despovoado de estrelas, murmúrios e palpitações.

SETE CANTIGAS DE AMOR
E UMA CANÇÃO INESPERADA

UNS OUTROS

Um barco há, que vem, não se sabe desde que rio, ou se lago, ou se mar. Nele, ela viaja.
E há um ponto de chegada, e de partida, insabido também: — um porto. Nele, ele aguarda.
Faz isso muito tempo, ou nenhum tempo, ou muito tempo decorrerá ainda para que o encontro aconteça.
Ele, ela, têm outros nomes, outros rostos, outros cheiros e anseios que não os nossos.
Não sei quem são — e tantas vezes não tenho sabido quem sou, quem somos. Sei apenas que de alguma forma, igualmente ignorada, eles nos são.

AMAR

o meu corpo arado por teus lábios.
agrária surpresa, sublime colheita.

a espessura do meu assombro.
o desmoronamento do horizonte.
a recém-perdida harmonia das esferas.
o advento furioso da primavera.

de quanta coisa não é capaz
um beijo.

A TUA PRESENÇA

Zumbem moscas
burros zurram
canaviais se assanham
estrugem onças e filarmônicas
grunhem bacorinhos
sequóias irrequietas
rios em revoada
pedras que trovejestrondam:
nada é sinal de silêncio
nas cavernas de meu peito
que tua fome socava
e tua gula soterra.

NÃO MINTO

"É repousante achar-se entre mulheres bonitas.
Por que sempre mentir sobre tais coisas?"
— segredou-me em certa página Ezra Pound.
Entanto eu, quando entre elas
— desengonçada jibóia, pé e perna
que no plano se projetam
para a topada e a queda —,
assusto-as, ou assusto-me demasiado.

Não minto, por minha mãe que não minto.

"É repousante palestrar com mulheres bonitas
ainda que se fale apenas contra-sensos"
— persevera no ensino o czar dos renovares.
Deve ser assim, intuo. Mas não consigo.
Seco suor, impávido tremor
a viajarem-me ossos, garganta.

Dai-me, Senhor, quando entre belas
a conformação e a calma que possuem as tardes
quando a noite as abate e a lua as enterra.

CERTAS COISAS

Mão que à outra, lábio que ao outro
lábio e mão buscam alcançar,
e, gesto no ar, fundo suspiro,
desistem.
Mariposa que baixando o vôo,
as asas lassas, antenas lassas,
finge pousar em solene pétala
e escapa.

Certas coisas não merecem
a crueldade do existir.
Para que delas não se diga
algum dia: conheceram
o trevoso sabor da finitude.

A RECUSA

Entendo Heidegger
e o que me segredam
arroios e estrelas.

Mas o teu sonoro não
em mim ricocheteia,
falto de compreensão.

TÂNTALO REVISITADO

Deusa, se algum crime acaso cometi
bolinando o que bolinável penso,
seja antes de perdão tua sentença
que de rigor ao meu frustro atrevimento.
Fique o feito por não feito
e o fato pelo fito.

Escuta-me, entanto, se por ora ainda insisto
— bem lembrado de teus peitos
e esquecido de teus pitos:
não me ocultes a boca onde a água,
não me negues o talho onde o fruto,
nem me encolhas os braços onde o abrigo.
Seja antes meu corpo o teu manjar
e descuidemos em cuidar do proibido.

CANÇÃO

Uma folha cai
e no rio vai
como a velejar.

Outra folha cai
e ao rio traz
seu balé fugaz.

Folha há que ao rio
põe em desvario
— e o rio é mar.

POEMA NÚMERO ÚLTIMO

"Not with a bang but with a whimper."
(T. S. Eliot, *The Hollow Men*)

LÁPIDE

Sob capim e olvido
vermes vasculham minh'alma.

Lá fora crocita o vento:
"Versos, nunca, nunca mais."

Liberto enfim das palavras
meu corpo, obscuro poema.

Coisas tantas que cumpria
dizer e não foram ditas.

Poesia, minha morte verdadeira.

Impresso na Prol editora gráfica ltda.
03043 Rua Martim Burchard, 246
Brás - São Paulo - SP
Fone: (011) 270-4388 (PABX)
com filmes fornecidos pelo Editor.